UNIVERS ET POESIES

Lydia MONTIGNY

UNIVERS ET POESIES

A la découverte d'une autre planète…

© 2019 /Lydia Montigny

Edition : BoD - Books on Demand
12/14 rond-point des Champs Elysées
75008 Paris
Imprimé par BoD – Books on Demand, Norderstedt

ISBN : 978-2-*3221-3971-2*
Dépôt légal : **Août 2019**

Mon instant préféré

Est celui-là :

Tes yeux dans les yeux

De mes mots...

DANS LA LUMIERE

Dans la lumière pure
Mon cœur parle au vent,
Au bonheur dansant
Au-dessus de mon corps.

L'air m'inonde, coule
Et je reste immobile
Pacifique au milieu de la vie.
Tout est suspendu, inconnu,
Comme un souffle retenu.

L'intense liberté explose
Et mes yeux s'émerveillent.
La sagesse dit qu'à ces plaines
Les rivières sont les veines
Et mon âme sauvage
Aime ses mirages...

Pour aller sur ta planète

Combien faudrait-il d'années Lumières

... et de nuits ?...

SIMPLICITE

J'ai allumé la lumière
Caressé le chien
Et ouvert la porte

Le soleil s'est levé
Le chien est sorti
Dans l'air frais du matin

Les heures sont passées
Le chien s'est couché
Sur le seuil de la porte

J'ai allumé les étoiles
Parlé doucement au chien
Et puis fermé la porte

REVER

J'imagine
Tu inventes
Elle pensée
Nous songeons
Vous fantasmez
Ils soupirent

PLUIE

Il a plu...
La vie est émue...

Je m'assieds sur une pierre
Dans ce jardin rose et vert
Se délectant enfin
De cet orage divin...

L'odeur fade des feuilles
Se mêle au doux tilleul
Et aux sucres osés
Des pétales sublimés.

C'est une odeur de pluie,
De perles de paradis
Qui envahissent mon corps
Et ma mémoire, si fort

                                        .../...

…/…

Sur la pierre attiédit
Je regarde ce léger gris
Que la lenteur du soir
Efface avant de choir

J'ai entendu

le murmure du Futur

... c'était Hier...

REFLETS

Qu'importe si le miroir
Ne voit plus rien,
Si dans le noir
Le temps s'éteint,
Si le silence
Sait deviner
Ce que je pense
Et me fait pleurer

Qu'importe si le miroir
Ne voit plus rien...
Laisse-moi encore croire
Que ce visage est le tien
Comme un espoir
Dans le matin
Alors je lèverai les yeux
Pour nous voir dans tes yeux

Hier

Est cet éternel insatisfait

Nous montrant le chemin de

Demain

Alors que simplement

Il suffit de vivre

Aujourd'hui...

1er Avril
Tout part en vrille !

Le soleil est vert
Les fleurs poussent à l'envers
L'envers se tient tout droit
Le ciel n'y croit pas !

C'est le 1er avril ?
Le panda se maquille
Une chenille se tortille
Et mon café pétille !

Il parait que demain
Les clowns riront bien
De voir de joyeux drilles !
Souhaitons qu'il y en ait mille
Et mille en plus de mille
A rire comme des billes !
Joyeux 1er avril !

Alors que le Soleil

prend un bain d'azur et de temps,

La Lune

le surprend

Parée de son velours sombre et scintillant...

PARADIS

Tu grimpes à cette corde,
Escalades jusqu'à mon cœur,
Y sèmes le bonheur,
A toi seul, tu es une horde...

Tu roules et tambourines
Dans mes veines et mon sang,
Les images que tu imagines
S'impriment sur l'air du temps

Tu sautes et rebondis
Sur mon corps, sur ma vie
Et de tes chatouillis
Explosent des rires en pluie

Au jardin des rêves, tu lis ...
Passager clandestin du Paradis
Emmène-moi ici
Ou ailleurs... dans ta vie...

Le mystère de la Vie

Se situe entre

la définition d'Hier

et

l'indéfinissable Demain

55 CANCRI-E

Je suis grise et glisse
Sur la page lisse,
Y dépose le rêve
Que je lis sur tes lèvres.

Je suis si docile
Et me fonds si habile
Entre tes doigts aventuriers
Pour tracer tes secrets.

Je peux même retracer
Pour ne pas oublier
Cette histoire troublée
Par ma mine grisée

Je dessine parfois
Des lieux, des endroits
Où seuls les esprits vont,
En sages vagabonds...

TERRE

A marcher droit devant soi
On revient au même endroit

A tourner en rond
On trouve le chemin long

A courir vers toi
C'est Demain que je vois...

DE L'AUTRE COTE

De l'autre côté
De cette page innocente
Il y a cette cruauté béante,
Aberrante, terrifiante,
Sa vertigineuse pente
Qui serpente et me hante.
L'espace vide s'évente,
Tourmente ma vie latente,
Me tétanise, me tente…

De l'autre côté
Il y a toi, il y a moi,
Confidentiel miroir
D'un vœu s'écrivant dans le noir,
D'un aveu criant quelque part
Dans le ciel de ma mémoire,
D'un reflet plein d'espoir
Cherchant à entrevoir
Ton sourire dans le soir…

…/…

…/…

De l'autre côté
De ces mots gisant là
Ondule l'horizon las
Balançant dans l'au-delà
L'incertitude qui osa
Croire que tu n'existais pas…
L'invisible amour a ton éclat

Dans la folie d'une étincelle

Il y a la douceur du ciel

Où scintille soudain l'éclat

De cet instant délicat...

SOLEIL DE MIEL

Dans ce paysage sucré
Sous un soleil de miel doré
Je serais un papillon émerveillé
De couleurs, irisé

Je volerais deci delà
A la recherche de ta voix
Au milieu de chants d'oiseaux
Et de cascades jouant dans l'eau

Dans ton regard de ciel bleuté
Tu m'aurais vite apprivoisée
Et la lumière de tes mots
Serait le temple de mes maux

.../...

.../...

Tu serais mon air, ma liberté
Comme un amour immaculé...
Dans le paysage de cette vie
Un soleil de miel brille sans bruit...

A L'ENCRE DE LA NUIT

Ecrire une poésie
A l'encre de la nuit

D'une étoile la signer
Pour t'offrir l'Eternité,

Et dans mon cœur graver
Ton sourire qui la lisait…

Echapper... à tout

A la transparence du temps
A l'invisible du silence
Au vide de l'espace

Au poids des bruits
A la force de l'énergie
A la gravité des mots

Et
A soi-même

.... mais VIVRE !

GRAINS D'ESPACE

Le temps... cet espace
Circulaire nous entourant
Nous serrant, nous engluant
Dans sa bulle fugace
Tenace, coriace....
Son passé nous surpasse...

Il est dense, intense
Leste, tout en cadence,
C'est un ouragan de douceur
Une plume riant de bonheur
Une bulle si légère...
Le temps ne manque pas d'air...

Il transforme nos vies
Transporte nos esprits,
Des larmes aux sourires,
Des armes aux fous rires,
S'émeut de la sensibilité,
De la magie de l'humilité.

.../...

…/…

Le temps… implacable,
Indestructible, fragile,
Comme un vase d'argile
Se remplissant d'insaisissables,
D'inéxplicables, d'inépuisables
Grains de temps, innombrables…

LE MONDE DU SILENCE

Le Silence ne peut rien dire
Mais il peut tout comprendre...
Alors je vais sourire,
Vivre, survivre d'un regard tendre...

RELIEFS

Sur les plaines arides
Je pose l'empreinte
De mes pas perdus,
Errant pour chercher
Connaître et comprendre
La force de ce jour.

Sur les falaises rouges
Mon esprit escalade
Le temps et s'agrippe
Comme la rage de vivre.

Sur les hautes montagnes
Ma tête se vide,
La paix s'illumine
Dans l'air sublime.

S'il n'y avait Rien

N'importe Où

N'importe Quand

Le vide remplirait son Partout

GRAND CANYON

Qui a sculpté
Taillé, dessiné
Ces formes géantes
Douces et rougissantes
Dans ce désert
De sable et de pierres ?

Au milieu de ces géants
Silencieux et élégants,
Je suis venue craintive,
Charmée, oisive...

J'ai marché doucement
Même humblement
Ne voulant déranger
Ces secrets si secrets.

Mes yeux se sont posés
Sur chaque rocher
Si fort pour ne pas oublier
Que l'on peut se relever

        …/…

.../...

Car rien n'est impossible
Tout est possible.
Comme cette force immense
Anéanti mes défenses...

Au cœur de ces rochers
Mon cœur est apaisé,
Et des perles mouillées
Sur mes joues ont roulé.

J'emporte en souvenir
Le vent d'un sourire
Quelques photos volées
Pour ne pas oublier...

Tout Volume

Est plein ou vide…

Tout dépend

Où vous vous positionnez

Pour l'observer…

PARIS-LOS ANGELES

Immobile dans le ciel
Au-dessus des merveilles
Il va, d'un vol blanc
Et gracieux, d'un vol lent
Mystérieux, sous d'autres vents
Vers un autre temps.

Dans le bleu pur et précieux
De l'air, des nuages vaporeux
Glissent ses grandes ailes
Sous le grand soleil.

Montagnes, glaciers
Icebergs, mer glacée,
Terres vertes ou brunes
Mon émoi n'a aucune
Pareille mesure
Sur ce monde en démesure.

.../...

.../...

L'instant est aérien
Presque divin,
Et mon âme en apesanteur
Immortalise cet ailleurs...

VOLUME

C'est une foule de musiques,
Des sons hypothétiques
Traversant le silence
D'une note de prudence,
Et pourtant, il n'y a rien
Sinon un vide cartésien

C'est un désert immense
De sable en instance
De disparaître d'une dune
Vers un oasis de lune,
C'est un coup de vent
Un souffle du néant

C'est un rêve qui s'accroche
Dans le matin qui approche,
Une multitude de points,
L'intensité sans fin
Et l'abysse plein de rien
Dans l'océan de demain...

Elle se cache derrière le Soleil
Lorsque tu t'éveilles,
Te chante la douceur
De ses étoiles en fleur

Elle est au milieu de la nuit
Quand la solitude luit,
Et le silence t'envahi,
Ton unique amie

Qui est-elle ?

          3Nn7 U7

SUR TES PAS

Là où tu poses ton pied
La Vie EST,

Lorsque tu soulèves l'autre
La Vie n'est plus

Alors je marche sur tes pas
Comme une première fois,

Car de marcher à reculons
Ravirait l'horizon !....

Attrape ce foulard
Flottant sous ton regard
Et jette dans le ciel
Ton rire plein de soleil

Attrape ce mouchoir
D'un adieu dans le soir
Noue dans un coin l'espoir
Pour un jour la revoir

Attrape ce fichu
Posé sur son corps nu
Surtout ne bouge plus
Son rêve t'a aperçu...

UN POINT

Où est ce point
Ce centre, ce milieu,
Convoité des dieux
Les serrant dans leurs poings ?

Le centre de l'univers
Est-il une île en mer,
Un point mathématique
A quel point cynique ?

Entre droites et lettres
Se croisent leur mal-être,
Pour un tout petit « o »
Que l'on pointe par défaut

Quel est ce légitime
Ce petit « tout », cette origine,
D'où part tout, enfin
Où n'arrive rien ?

                                          …/…

…/…

Où est ce point zéro
Dans l'espace invisible,
Dans le mouvement sensible
Sur la Terre ou dans l'eau ?

Où est ce point
Origine d'une seconde
Des planètes et du monde ?
Au bout de ton doigt, il point…

J'ai laissé un peu de moi
Sur cette Terre, sous mes pas...
Si tu le trouves, pourquoi pas,
Prends-en soin, ne le perds pas !

J'ai laissé un peu de moi
Dans ce temps qui s'en va
Si tu le croises, ne t'en fais pas,
Il te dira où je ne suis pas...

SUR LA ROSE DES VENTS.

Sur la Rose des vents
Tourbillonnent les sens,
S'envole le temps...
Le Nord négligemment
S'est endormi à l'Ouest,
Le Sud s'imaginant à l'Est
S'est enfui d'un pas leste
Et pourtant le Soleil
Chatouille les abeilles,
Les chants d'hirondelles
S'allongent dans le ciel
Et quand l'Angélus se prie
L'enfant né, s'écrie...

Entre la Fleur de Lys
Du Nord, de l'améthyste,
Et l'aurore boréale
Plus claire que l'australe,
Sans bruit a éclos,
Entre ces cardinaux,

.../...

…/…

Une autre destination.
Mais la suivre, attention,
Fait perdre la raison !
Sur la Rose de la passion
Les vents peuvent souffler
L'est et l'Ouest se croiser
Le Nord et le Sud s'esquiver
Mon cœur y est scellé…

La Perfection

Est naturelle...

Pas Humaine...

AU DELA DU REVE

J'ai rêvé que je rêvais
Que le sommeil m'a emporté
Dans une nuit d'été
Qui n'a jamais été

Dans ce rêve j'ai vu
Une silhouette connue
Le sol a disparu
Et le soleil s'est tu

J'ai songé, j'ai plongé
Dans ton regard bleuté
Et mon rêve s'est teinté
De bonheur, de réalité....

Du Soleil à la Terre

Du ciel à la mer

Du futur à hier

L'Amour est mon air…

UN MONDE EN COULEUR

Parle-moi de cette couleur
Venue de nul part ailleurs
D'un point d'éternité,
D'un parfum inventé...

C'est la couleur de tes mots
Eclaboussant mes sentiments
Et coulant sur ma peau
Un à un, doucement...

Parle-moi de cette couleur
Teintée de rires, pleine de fleurs,
Une aquarelle de ton cœur
Fondant sous les vagues du bonheur...

L'IRREEL DU TEMPS

Dans le temps réel
Notre vie est plurielle
Parfois sectionnée
Coupée, explosée
Par des horloges folles
Ou de drôles de boussoles...

Et si le temps n'existait plus ?
Si notre âge avait disparu ?
Que ferions-nous de tout ce temps
Non décompté, tout contents ?

Nous aurions tout le loisir
De courir, de lire, de rire,
De parfaire le rien-faire,
De défaire les fers
Aux prisonniers de l'ennui,
Au singulier de la vie...

.../...

…/…

Plus rien ne changerait,
Les saisons s'enfuiraient,
L'instant tant attendu
N'existerait plus
L'espoir non plus...

.
Pendant ce temps, que ferais-tu ?

Quel délice !
Je nage dans l'eau lisse,
J'ondule et glisse
Dans cette onde créatrice,
Passionnément inspiratrice,
Les mots deviennent des caprices
Dans les reflets de l'oasis...
Je plonge puis me hisse
Pour happer l'air propice......

VOL D'UN REVE

Je marche au bord
Du vide béant…

J'imagine si fort
Courir droit devant,
Ecarter les bras,
Ouvrir mes ailes,
Sentir l'appel
Qui libèrera
De cette voltige
Mon rêve de vertige…

Je m'élance enfin
Et pose au loin
Un regard heureux
Apaisé, mystérieux

…/…

…/…

Dans ce calme sensible
Transparent, limpide,
La vie si confuse
S'éclaircit, se diffuse

L'air se fait ouate
Où se posent mes rêves,
Et le vide éclate
En plein vol, en plein rêve…

Je me suis réveillée
Dans un paysage inachevé...

Des aquarelles coulaient
Des collines, des forêts ;
Des rivières de musiques
Débordaient, féériques....
Comme un parfum, l'amour flottait
Sensible, fort et léger.
Le temps était papillon
Sans nom, sans aucun non,
Mais tous les mots ont disparu
Vers un monde inconnu...
Et mon rêve ? Qui l'a volé ?
Partout je l'ai cherché
Impossible de le retrouver...

Que le voleur se dévoile !
Je lui dessinerai une étoile...

Si on dit :

« Il semblerait que des planètes soient dépourvues de toutes formes d'intelligence... »

Où suis-je ?...

IMAGINER L'INIMAGINABLE

Il est plaisant parfois de se laisser dériver
A imaginer l'inimaginable....
Toute supposition commence par "et si..."
"Il était une autre fois", aussi...

Alors naissent des histoires fabuleuses
Des mélodies rêveuses,
Dans des endroits inédits,
Avec des airs de paradis
Perdus dans des idées impensables,
Sur des sujets improbables...

Mais qui peut dire si tout cela est faux ?
Rien n'est laid, triste, vrai ou beau ;
Ne serait-ce pas simplement visionnaire,
Hors norme, hors Terre ou mer ?

.../...

.../...

Quel bonheur d'improviser
De donner vie à des mots
De les voir battre sous sa peau,
A des sons, des fluidités,
Des gestes gracieux délicieux,
Dans un temps silencieux...

Et je m'en serais voulu
De ne pas y avoir cru...

LE MONDE DES INVISIBLES

Dans l'ombre de la vie
Il attend sans bruit.
Il tend la main et sourit
Au pardon, à l'ennui...

Le vieil homme est là
En guenilles et si las.
La faim ne le quitte plus
Comme une amie déchue
Dans le caniveau de la rue,
Comme un mot défendu...

Ses forces se dispersent,
Le silence le berce
Même si la douleur le transperce.
On voudrait qu'il disparaisse...

      .../...

.../...

Bien pire que l'orage,
La moquerie ou l'outrage,
C'est l'indifférence qui fait rage,
La fuite des regards sauvages...

Les murs ont des ombres chinoises
Que l'invisible apprivoise...

LE RADEAU

J'ai construit un radeau
De liège et de balsa
Qui ne sombrera pas
Sans les mers, ni les flots…

J'ai posé sur le bateau
Des plumes et des mots
Des musiques, des couleurs
Et la carte du bonheur…

Je naviguerai sur l'océan
Doucement en écrivant
Sur le parchemin du temps
Ces mots que tu aimes tant…

Et puis de nuit en jour
Je ferai sans détour,
De ce monde le tour,
De ton cœur d'amour

…/…

…/…

J'ai construit un radeau
Dérivant vers ton île…
Glisse ma vie fragile
Sur tes mots, il fait beau…

JAZZ DANS LE SOIR

J'ai écrit une histoire
Sur un jazz le long d'un soir,
Sur une heure dans le tard,
Vaguement, quelque part...

J'ai marché dans la rue
Dégringolé les escaliers,
Ai couru les pieds nus,
Les pas ont disparu...

J'ai murmuré les paroles
De ce chant qui s'immole
Par mes larmes dont l'étole
Ruisselle jusqu'au sol...

J'ai écrit une histoire
Sur un jazz aux sons rares
Et je chante tous les soirs
L'amour, l'amour et l'espoir...

A imaginer le Monde

tu en construis un autre...

Pourvu que la Vie soit là

Et que l'Amour soit sa loi...

TU FERMES LES YEUX

Tu fermes les yeux
Souriant, heureux,
Tu croises les doigts
Cet instant est à toi...

Mais où est passé ce monde ?
Disparu en une seconde
Vers d'autres rivages
Comme de doux mirages,
D'autres Univers
Où l'on marche à l'envers ?

Tu imagines des forêts
Poussant dans les cahiers
Et le chant des rivières
Coulant libre, dans l'air,
Et puis comme planète
Une boule à mille facettes !

.../...

…/…

Les miroirs se chiffonnent
Les visages s'étonnent
De voir que la beauté
Ne puisse se refléter…
Elle est unique en tout,
Et son double en est flou !...

Les cartes de ces jeux
Ont perdu leurs desseins
Et les dés du hasard
Sont des billes de billard,
Les pourquoi, les comment
Flottent dans le temps…

Tu fermes les yeux
Et tout disparait
L'instant est mystérieux…
Et si c'était vrai ?

Que la Terre
Soit ronde ou carrée
Aux quatre coins du Monde,
Je serai cette poésie vagabonde
Qui saura te retrouver
Dans cet instant solaire...

CONTINUER D'EXISTER

Il est parti
Sans un bruit
Simplement
Tranquillement
Innocemment
Comme si le temps
Devait attendre
Devenant tendre
Pour me comprendre
Mais me le prendre...

Il a disparu
Laissant comme nu
Le chemin pentu
Où j'ai tant couru,
Les oiseaux se sont tus
L'hiver est venu ;
Comme une ride
Vide et avide
Le chemin s'est creusé,
Apprivoisé
Par la douleur absolue
De l'absence qui tue...

.../...

…/…

Si le monde continue
D'exister, où es-tu ?
Les printemps sont revenus
Le soleil est apparu
Dans ce ciel attendu,
Et dans mes rêves défendus
Je t'ai aperçu…
Je m'en serais voulu
De ne pas y avoir cru,
Et cette force inconnue
A toujours cru en ta venue…

Ne pars plus….

DROLE DE MONDE

J-upiter

T'Uranus

Il Terre

Nous Pluton

Vous Vénus

Elles Saturne

VENT

Je suis le vent
Glissant en ondulant
Sur les grands champs
De velours verts ou blancs

Je porte les ailes
De ces grands oiseaux
Longues et frêles
Souples comme des roseaux

J'aime virevolter
Dans les parcs colorés
Mélanger les feuilles
Pour amuser les écureuils

Quelle joie de tournoyer
Et voler les parapluies
Aux passants ébahis !
C'est une valse ! Vous dansez ?

.../...

…/…

Je suis ce vent
Magie de l'océan
Souffle du ciel….
Ecoute !... Il t'appelle….

Ce n'est pas l'Univers

Qui est surnaturel,

Mais notre méconnaissance

De l'exceptionnel…

OU SUIS-JE QUAND JE DORS ?

Vers ce monde invisible
Je dérive... paisible...

Vers ce lointain Ailleurs
Aux nuages de fleurs
La douceur se bat
Dans le feu de l'Etna,
Et des larmes de lave
Echouent sur l'épave
De mon cœur qui s'entrave
Dans un soupir si grave...

Je danse dans la lumière
Où flotte la poussière
De nos rêves d'enfant,
De nos rires d'antan ;
La musique résonne,
La tendresse frissonne,
Dans ce monde en sommeil
L'espace m'émerveille...

                              .../...

.../...

J'aimerais rester encore
Dans ce monde invisible
Dans ses sentiments visibles...
Mais où suis-je quand je dors ?

DERRIERE LA PORTE

Derrière cette porte
Il y a un magicien
Venant dans le matin
Soulever le satin
De rêves aux draps fins.
Il aime écouter
Le souffle si léger
Au parfum de figuier
Dans le rideau bleuté.

Derrière cette porte
Il y a cette aventure,
Cette tendre morsure
Que mes mots te murmurent,
Et leurs suaves blessures
Dans mon cœur sans armure...
Si le magicien capture
L'univers et sa parure,
Que devient la nature
Dans nos matins purs ?...

Si l'Univers

se résume en

un chiffre sans limite

Je continue de croire

que chacun de nous est

Unique…

UN MONDE MUSICAL

Quelle est cette farce
Qui joue et m'attrape,
Me chatouille et m'enlace
Quand les tempos dérapent ?

Elle brille dans les yeux,
Tel un pétillement joyeux,
Et ces notes venues d'ailleurs
Se mêlent depuis le meilleur
Jusqu'à tôt le matin.

La musique va si bien
A la moquerie du temps,
Elle joue, s'enjoue,
Sur des rythmes fous,
Improbables ou doux,
Venant de partout
Et même de n'importe où.

.../...

.../...

C'est une pierre précieuse
Vivante et délicieuse
Et au cou de la vie... un bijou !

L'UNIVERS ET SA POESIE

Le Cosmos se compose
De mille et une choses :

Des planètes étranges
Bleues ou orange,
De feu ou de glace
Aux noms longs ou fugaces...

Il fait parfois rêver
Les regards égarés
Eclaboussant d'étoiles
L'obscur de son voile

D'autres fois il fait peur
Comme le vide des heures
Ou tourbillon sans fond
Entortillant l'horizon...

.../...

.../...

Le cosmos repose
Entre ce que l'on suppose
Et la vérité qui explose...
La vie rêve et ose !

Si l'Univers de la poésie
Voyage dans ce paradis,
Mon voyage dans l'Univers
Se fait dans tes yeux clairs

On dessine toujours une planète en faisant un cercle,

puis on y imagine une vie ...

Mais que dessinerait cette vie en voyant la Terre ?

Livres précédents :

- *Dans le vent* (VII 2017) BoD
- *Ecrits en amont* (VIII 2017) BoD
- *Jeux de mots* (VIII 2017) BoD
- *Etoile de la Passion* (VIII 2017) BoD
- *As de cœur* (XI 2017) BoD
- *Pensées éparses et parsemées* (XI 2017) BoD
- *Le Sablier d'Or* (XI 2017) BoD
- *Rêveries ou Vérités* (I 2018) BoD
- *Couleurs de l'Infini* (II 2018) BoD
- *Exquis Salmigondis* (V2018) BoD
- *Lettres Simples de l'Etre simple* (VI2018) BoD
- *A l'encre d'Or sur la nuit* (IX2018) BoD
- *A la mer, à la Vie* (XI2018) BoD
- *Le Coeur en filigrane* (XII2018) BoD
- *Le Silence des mots* (III2019) BoD
- *La Musique mot à mot* (IV2019) BoD
- *Les 5 Eléments*